Abrazos de Poesía

MIGUEL ÁNGEL ORTIZ

ABRAZOS DE POESÍA

Primera edición abril de 2018
ISBN: 978-84-09-01388-3
Depósito Legal: MU 475-2018
Maquetación: Alma Mª Morote
Foto contraportada: Jessica Moreno

Es el momento

Es el momento de no pensar más en los miedos
y empezar a sentir cómo el tiempo
se escurre trasnochado por tu cuerpo,
como un bostezo de la madrugada que se contagia,
como una sonrisa sin sentido aparente
llena de luz y de infancia.

Es el momento de desordenar por completo
el acento de tus palabras
y acentuar el orden de tu mesura.

Es el momento de desplegar la poesía en forma de abrazo,
para que sea espontánea como un beso,
para posarse en tu aliento y desatar el sabor a nostalgia,
el aroma de una despedida,
o el suave tacto de un esperado regreso.

Y, en un descuido de ti mismo,
dejarte llevar por el único impulso que vale la pena...
Seguir escribiendo tu vida.

Miguel Ángel Ortiz

ÍNDICE

PRÓLOGO

A lo largo de este poemario veremos reflejadas distintas etapas del autor. No solo en la forma, sino también en el mensaje de los versos.

El orden del libro está puesto con un porqué, ya que en cada uno de sus poemas el autor desgarra su alma y la deja al descubierto para que el lector pueda entrar en él, en sus pensamientos, en sus sentimientos, en su forma de hacer las cosas...

Si bien cada poema es de un año, época y edad distinto, nos muestra unas etapas muy concretas en las que Miguel Ángel se ha visto reflejado en algún momento pasado, presente o futuro.

Me gustaría destacar el capítulo tres, quizás el más sentimental de todos, no por la forma, sino por el contenido. Dedicado a cada una de las personas que de un modo u otro son o fueron parte de su vida, de su ayer, hoy y mañana... Personas de las que ha ido adquiriendo sapiencias, experiencias y esencias que ha ido absorbiendo en sus letras, no solo al describir a la persona o lo que evoca en él, sino también en el viaje de la vida del poeta.

Si el lector se atreve a ir más allá de las simples letras, verá cómo empieza con un canto desbocado pidiendo redención y perdón. De hecho el propio autor, al final, renace cual ave Fénix de sus cenizas.

Este libro habla de un valiente enfrentado en mil batallas, unas veces buscadas y otras encontradas. Habla de derrotas emocionales, victorias personales y momentos de desesperación y felicidad.

Este libro, quizás, es más Miguel Ángel que la descripción que cualquiera de sus allegados podríamos hacer de él, es de ese tipo de personas que por mucho que pases a su lado o lo que creas conocerlo, siempre tiene ese punto mágico sorprendente que hace que te des cuenta de lo mucho que lo desconoces... Es un ser tan maravilloso como complicado.

Hace más de 16 años que le "conozco" y, precisamente, fueron versos lo que despertó la curiosidad de ambos. Su fondo parece no tener fin...

Una de sus muchas rarezas es la de puntuar cada momento, sabor y lugar. Tiene la eterna necesidad de darle nota y valor a todo aquello que vive. Por eso es tan especial que quiera que tú formes parte de su vida, porque es selecto con aquello que escoge, le gusta que sea incomparable, único y muy particular; ¡Vamos! le gusta que seas un poco como él, pero menos "maniático".

Tiene una manera muy peculiar de decir las cosas y, aunque una de sus grandes habilidades se encuentra en su garganta, la otra más destacada está en sus manos; capaces de llenarte de vacíos y vaciarte de soledades. Mientras que para unas cosas sus manos usan su corazón, otras veces los instintos y la razón. Así como, en momentos de tempestades y sinrazón, cuando se unen a su psique, son capaces de destripar su alma a pedazos sin que él quiera pretenderlo. ¿O sí? Ya dije al principio que por mucho que pase a su lado, no siempre le conozco.

Para mí es verdaderamente gratificante ver cómo cumple una de sus metas y sueños, que no es ni más ni menos que poder gritarle al mundo quién es él. No para que lo sepan los demás, puesto que los que le conocemos ya sabemos que es alguien especial que puede conseguir todo aquello que se proponga; sino que lo hace para ordenar sus ideas y tener un poco más claro quién quiere ser.

De todo esto va, precisamente, "Abrazos de poesía". De cómo escribir ha sido el recurso de Miguel Ángel para vencer batallas y decirle a otros qué pensaba de ellos. Su forma particular de reordenar sus ideas, su vida y su camino. Créeme, seguro que en algún momento, alguno de sus poemas serán eso que necesitabas leer, tiene ese don.

Espero disfrutes de la aventura de la mente creativa del escritor que ha ido creciendo a cada golpe de pluma en estos años.

Y como a una servidora no le gusta destripar historias, es mejor que el lector se adentre en el espíritu convertido en letras del poeta que firma este libro, no vaya a ser que lo que yo pueda adelantar tergiverse la experiencia de algún modo.

Sólo añadiré que cuando Miguel Ángel me encomendó la tarea de ser yo quien escribiera el prólogo de su primer poemario, no solo me sentí alagada, sino también una enorme responsabilidad.

Mi más sincera enhorabuena a este valiente.

Alma Mª Morote

Capítulo I:

Realidad Oblicua

Te invito al capítulo más oscuro, confuso y tenebroso de mi vida.

Donde la poesía fue, de manera inconsciente, mi única forma de pedirle auxilio al mundo.

REALIDAD OBLICUA

Sumido en los recovecos más oscuros y profundos,
vago hundido y moribundo,
lloro lágrimas de viento.

Una tempestad me ciega,
nado en aguas de un desierto,
la serenidad no llega,
voy sin rumbo y sin aliento.

¡Estoy harto de sandeces!
¡Tengo miedo de mí mismo!
Me he perdido muchas veces
y parezco mi espejismo.

Busco, ansío y necesito
dejar de hacer esas tres cosas;
dejo mi alma por escrito,
la más oscura y vanidosa.

FLORES DE PLÁSTICO
(Soneto a la vida)

En este tiempo tan descolorido,
tu leve paso, formando huella,
abre una brecha dejando mella
entre la eternidad y el olvido.

Se apagó la luz de tu estrella,
tu rostro ya se ha enmudecido.
¿Tan rápido ha desaparecido
la vida que ayer fue tan bella?

De plástico fueron las flores
que adornaban aquel sendero
que un día anduviste cansada.

Y el tiempo, marchito de olores,
errante, fugaz y perecedero,
se fue sin que tú hicieras nada.

¿QUIÉN SOY YO?

Hoy tengo miedo del silencio,
ese que me habla en la oscuridad.
Me hace temblar,
nubla lo que pienso
y ya no sé qué es mentira o verdad.

Plagado de buenos recuerdos
que, aún siguen siendo mi presente soñador,
he despertado en un infierno y me pregunto:

"¿Quién soy yo?
¿Qué es lo que falta en mi persona
para alegrar mi corazón?"
Si algo me sobran son neuronas
adictas a mi represión.

Ahogadas en alcohol aún siguen vivas,
tienen poder de destrucción,
son dueñas de toda mi vida,
incluso de mi inspiración.

Tengo los párpados cubiertos
de incertidumbre y desesperación.
Voy con los ojos entreabiertos
y me pregunto:
"¿Quién soy yo?"

PRESO DE LA LIBERTAD

Siendo preso del hechizo
de un delirio aterrador,
de ese beso escurridizo
tan soñado y tentador:

Soy un niño asustadizo,
un pecado sin perdón,
un anexo inexplícito,
un recado sin buzón.

Tan seguro de mi instinto
como de mi inspiración.
Tan igual y tan distinto,
tan oscuro y transparente,
desolado y exigente corazón.

Despertando mientras sueño,
afrontando que soy dueño
de mis actos imprudentes
y mis pactos indecentes.

De mi error envenado
nace un cuento enrevesado
sin principios ni moral.

Harto de hacerme el discreto
y de faltarle el respeto
siempre a la felicidad.

Soy pronombre sin sujeto,
solo un hombre y un secreto:
Preso de la libertad.

COMO EN TIERRA EXTRAÑA

Me he reído muchas veces
de otras veces que he llorado.
He llorado recordando
cuantas veces no he reído.

Me repito a diario:
¡Nunca te des por vencido!
¡No mires el calendario
sino lo que has recorrido!

Soy un albergue de papel
que se arruga de tristeza,
donde mora una mujer
de innumerable belleza.

Soy un loco con carnet
que ha perdido la cabeza;
soy un puzle a medio hacer
al que le falta una pieza.

He vivido muchas veces
cosas que antes he soñado.
He disfrutado soñando
con lo que nunca he vivido.

Le vendí mi alma al diablo,
compré flechas a Cupido,
le prendí fuego al diario
en la hoguera del olvido.

Sin ti, como en tierra extraña estoy,
sin ti, ando perdido sin saber quién soy,

sin ti, hasta mi sombra habla en otro idioma.

Y aunque no quiera
soy peor persona
cuando tu ausencia
me remueve las entrañas.

Sin ti, me siento...
Como en tierra extraña.

UNA CANCIÓN INACABADA

Tengo una duda atrevida,
una vergüenza que se desnuda,
una sonrisa pidiendo ayuda,
tengo una garganta afligida.

Tengo un amor masoquista,
un abrazo que se malgasta,
un pedazo que se desgasta,
una tristeza que me conquista.

Una canción inacabada
que el corazón espera cantar
aun teniendo la boca cerrada.

Tengo la almohada desecha,
tengo esperanza plantada
y no sé cuál es mi cosecha.

ROZAR LA CIMA SIN FORZAR LA RIMA

Descendiente de un linaje sin raíz ni jerarquía,
prisionero y heredero de un pasado incierto
donde los árboles crecían sin sustento
y daban cobijo a una tierra mugrienta, inerte y abandonada.

Así creció y se hizo más fuerte aquel muchacho deshecho,
sin un mísero trago de arena,
sin más agua que su sudor y sus lágrimas,
sediento de luz y hambriento de falta de ganas.

Agolpado por la rabia incoherente del misterio
se adentró en los recovecos más ocultos de la adversidad.
Y, aunque a veces uno valga más por lo que calla,
prefirió en esta batalla ser la voz de la razón.

Sus manos ensangrentadas
de trepar por las entrañas
de otro tiempo que pasó.

Pero un sueño escurridizo
no se alcanza sin permiso,
ni dejando el equipaje
aparcado en un rincón.

Fue entonces, mientras caía,
cuando el fin de la sequía
acabó con tanta sed de años atrás.
Y aún después de haber bailado con la lluvia...
nunca más volvió a trepar.

CARTA AL ELEGIDO

Estimado señor mío:
Compañero de fracasos,
obstinados son los pasos
que, en tu ausencia,
mis instintos han seguido.

Hoy, te brindo el desafío
de aguardar en tus adentros
las mentiras y tormentos
¡Qué contarte a ti!
Por algo yo te he elegido.

Cuando vuelvas de tu viaje
ya habrás leído mi mensaje,
en el que te cuento
que hoy estoy arrepentido
de vagar siempre adherido
a un indeseable personaje.

No sé bien dónde estará
ese que se hace extrañar.
He buscado en la poesía
y, entre rimas, he encontrado
esta maldita hipocresía.

Tanto intento interrumpido, tanto dado,
tanto aliento consumido.
Hoy te ríes de mis faltas
criticando mis palabras en voz alta.

Entre tanto me despido. Pongo fin a esta carta.
¿Por qué te he elegido?

Postdata: ¡Despierta!
¿No echas nada en falta?

SUEÑO ADOLESCENTE

Tierno sueño adolescente,
un pasado muy presente
de un recuerdo ya olvidado,
de un olvido tan reciente.

¿Quién borrara de su mente
tantos sueños desatados?
¿Quién encarecidamente,
con el corazón ardiente,
no soñó con ser amado?

Y en sus brazos,
firmemente encaramado,
ser un loco enamorado
que vivió cada segundo diferente.

¡Oh! Niñez desvanecida
que ahora vuelves atrevida
reflejada en otros ojos.

Con tu luz esclarecida,
alumbrándome la vida,
suavizando mis enojos.

Madurez que aflora mis antojos
y a llorar rompe en tu despedida.

EL COLOR DE LOS SUEÑOS

A la espera de un comienzo
desespera este silencio.
Tantos sueños coloreados,
despojados y sedientos.
Resucitan mis deseos,
me susurran y me invitan a mostrarles
lo que soy capaz de hacer por ellos.

Pero cuanto más insisto
más tropiezo y beso el suelo.
Vivo y sufro, luego existo,
me levanto y miro al cielo;
si me atrapas me resisto,
si te busco no te encuentro,
tal vez te halle de improvisto
y te agarre por el cuello.

Sé que andas escondido
por los huecos más pequeños.
Seguiré buscando erguido
por saber de qué color
serán mis sueños.

Capítulo II:

Copa de desengaño

Bienvenido a las aventuras y anécdotas más alocadas, acontecidas y escritas desde mi disparatada adolescencia hasta hoy.

Un viaje introspectivo por mis pensamientos, ideales y sentimientos más recónditos.

Copa de desengaño

Ya me dijeron que el peor pecado era
enamorarse de una camarera
pero, a pesar de todo,
yo caí en el torpe engaño.
Quise brindar bajo su ropa por el porvenir,
por muchos años.

Y ella respondió con una copa de desengaño
que de su boca no iba a beber ningún extraño.
Que para ser parte de su piel
no bastaba con papel hecho poesía,
sino un Dios puesto a sus pies
que le devuelva la alegría.

Por hoteles, por bares y luceros;
dando vueltas en lujosos cruceros,
no le bastaba con cada día
un plato puesto en la mesa.
Ella tan solo quería
convertirse en princesa.

Pero una noche más, tirándole el anzuelo,
a su pesar, fui el único y primero
en arrancarle lágrimas de los bolsillos
y, ya en su casa, las prendas y su anillo.

Y, al despertar, con la mirada en el vacío,
dijo asustada: "¡Yo no sé nada de todo este lío!
¡No quiero volverte a ver!
¡Márchate y escríbeme si me recuerdas!,
fuiste parte de mi piel
y quiero serlo de tus letras".

¡Camarera!
hay veces que te extraño.
Tu amor de cera se derrite con los años.
Jamás pensé que te escribiría,
pero te hice una promesa.
Aquí tienes tu poesía...
frustrada aspirante a princesa.

ADULTERIO

Bésame con boca indecorosa,
miénteme con aire de misterio
y no pongas en duda mi criterio
por desearte tan ilógica y airosa.

Déjame adorarte cual mi diosa,
gocemos de este amor en adulterio,
dejando toda culpa en cautiverio,
presa de tu piel avariciosa.

Soy cómplice leal de tu pecado,
partícipe de algo casual, banal,
prohibido, antimoral y osado.

Vórtice letal de amor prestado,
sonrisa visceral, obra del mal,
efímero placer enmascarado.

ARMAS DE MUJER

Una puerta cerrada,
un cartel de "no pasar",
la llave en el cerrojo,
una voz que invita a entrar,
mirilla para un ojo
con destellos de cristal
que deja ver a su antojo
lo que se esconde detrás.

Un desierto con oasis de alquitrán,
callejón sin salida,
besos que saben hablar,
un calendario en sus heridas,
variante carnaval.
Una húmeda guarida
sin principio ni final.

Una boca que se abre
y te miente antes de hablar,
postura ambivalente
que te intenta hacer dudar,
carita inocente y su trampa más letal;
ser tan inteligentes
y lo contrario aparentar.

Una niña que te hace estremecer,
ternura desatada,
cuentagotas del placer,
paraíso del deseo,
un camino por hacer,
unas velas que se apagan
y se vuelven a encender.

Armas de mujer:
Cantos de sirena que te atrapan en su red,
una lista de espera a la consulta de su piel.

Armas de mujer:
Trampas de saliva que enmarañan la razón.
Feroces, pasivas, dulces o lascivas...
según mande la ocasión.

PERDIDA NECEDAD

A golpes de tan crédula inocencia
dejé llenar mi alma de vacío,
crucé el oscuro abismo del hastío
perdiendo los matices de mi esencia.

Llegué a morir, hoy vida ansío,
y pago día a día mi imprudencia,
armado de valor y de impotencia,
mi llanto a tu perdón doy y confío.

Temida vanidad, no oses vencerme;
el miedo ya sustenta mi sentido
y duerme con la puerta abierta.

Perdida necedad, sin esconderme,
vagaré tan fuerte como erguido,
al fin con la verdad siempre despierta.

Lo que pudo haber sido

Pretendo desnudar la verdad
antes que tu cuerpo.
Desatar sin piedad este instinto animal
y enterrar el silencio.

Convertir el cristal en un acto carnal
donde los sentimientos se puedan respirar
y el milagro de amar dure más que un momento.

No quisiera tener que gustarte por ser lo que pude haber sido,
porque no hay peor error que idealizar al amor,
para eso es mejor dejar paso al olvido.

No me pienso arrastrar,
ni voy a sobornar por tenerte, a Cupido.
Solo quiero mostrar esa fragilidad
en la que nunca has creído.

Y aunque no lleguemos a nada,
una vez fuiste el hada
que alumbró mi jardín.
Y ante todo una espina
que ha dejado una herida
y está tan fuera y tan dentro de mí.

Aún podemos brindar
por el tiempo fugaz
que nunca hemos vivido...

O dejarnos llevar
sin volver a pensar
en lo que pudo haber sido.

El culpable

Lo que más me disgusta de ti
es que siempre te andes quejando
de todo lo que no te gusta de mí
y, encima, lo hagas gritando.
Y esa presuposición que te hacer creer
saber más de mí que yo mismo.
¿Cuándo vas a comprender
que entre lo que hago y tú piensas
hay un gran abismo?

Yo no pongo condiciones,
te acepto como eres y punto.
¿Para qué las discusiones
que acaban siempre
en el mismo asunto?

Intentemos resolver nuestras diferencias
sin necesidad de insultos.
Si me aceptas como soy
abrázate a mí y, si no:
"¿Qué coño hacemos juntos?"
Estoy cansado de esta situación
de ser siempre el culpable
en nuestra relación.

Atacas donde más duele
cuando te conviene
y luego lo arreglas pidiendo perdón.
Te armas de orgullo y cinismo
dándole protagonismo
solo a mis defectos
y alzando la voz.

Si me porté mal contigo
y este es el castigo que aún sigo pagando
por aquel error...

Mejor déjame a solas conmigo;
que prefiero morirme sin ti
que malvivir contigo.

Nuestro propio ladrón

Qué traidor el subconsciente
que a veces nos nubla el juicio.
Se alimenta del presente,
nos empuja al precipicio
y pone cara de inocente.

Finge ser el fiel amigo
maestro de buenos consejos
y, a Dios pone por testigo
de promesas y objetivos
que olvidamos sin complejos.

Ese intruso delincuente
ni cobarde ni valiente.
El que miente por oficio
y nos roba la razón.

Se lleva nuestra ilusión,
pasa factura y se enriquece.
Nuestro propio ladrón...
El rey de los intereses.

Ni lejos ni cerca

Para qué cerrar los ojos
si es más oscura la realidad,
si se cierran las puertas
que abrían paso a algunas salidas.
He conocido nuevas heridas
que no se pueden ver, oír, ni tocar,
pero están ahí, rompiendo en pedazos
tu alma de cristal.

Ni lejos, ni cerca
veo mentiras, no encuentro verdades
y busco respuestas definitivas.
No entiendo cómo ni cuando
sentí unas caricias de desaliento,
y la noche se esparce en cenizas
de estrellas que lloran por tu tormento.

Ni cerca, ni lejos te siento.
No tengo un lugar para guardarte,
pues no he perdido otra cosa
que el daño que en mi cultivaste.
Te llora mi alma
que no es otra que la suya,
sufro de verla sangrante,
gran ejemplo de amor
que encierra batallas que nunca acabaste.

Ni lejos, ni cerca... sino ajena.
A pesar de tanto homenaje,
de nada vale la pena
este loco largometraje.
Malas rachas para unos,

paz y gloria para otros,
esos otros que se fueron
y apaciguaron sus rostros.

No estás ni lejos ni cerca
porque hace tiempo perdí la distancia,
sin caminos recorridos,
sin lugar fijo de estancia.
Quizás sea yo quien se alejó un día
y no volvió más atrás la mirada.
Te veo en cada mentira,
en cada verdad ocultada.

Ni lejos, ni cerca te veo...
y tengo la vista cansada.

PIJAMA DE LA LUNA

Hoy quiero cantarte, luna
y hablarte de lo nuestro;
tú, que siempre me destapas
y me hallas descubierto.

Hoy es una de esas noches
promiscua y placentera,
en que tú, ambiciosa luna,
serás mi prisionera.

Hoy he decidido mostrarte
la parte que dejaste sedienta de amistad.
No quiero pedirte ni darte,
ahora ya formas parte
de mi nueva libertad.

Hoy quiero aclararte, luna,
que el juego ha terminado;
te agradezco lo que has sido
y lo que me has enseñado.

No te extrañes si algún día
se eclipsa tu alegría
y son solo las estrellas
quienes te hacen compañía.

Ven cada noche a visitarme,
pero no intentes besarme,
mas quédate a observar.
Sé que no voy a arrepentirme.
¿Tienes algo que decirme?
Dilo y deja de llorar.

Luna, ¿qué pretendes conseguir
con tu amarga y triste mirada?
Luna inquieta y sutil... ¡Aquí ya no pintas nada!
¡Vete a otro sitio a dormir y cambia de pijama!

Ya no soy tu pijama rutinario;
ya no estoy a expensas del armario de tu soledad.
Ya no puedo ni debo quererte,
pues otro amor ocupa tu lugar.

PODEMOS QUEJARNOS

Usted que tan sólo es...
un buen artífice del engaño.
Huraño de la cabeza a los pies
y un as de picas de color daño.

Usted, del lado al que llaman revés,
pastor y oveja de los rebaños,
ese que finge ser quien no es
y se hace llamar revolucionario.

Mas no pierda usted paciencia,
ni deje nunca de iluminarnos
con su discurso de herencia.

Y usted entienda la diferencia:
Siempre podemos quejarnos...
sin atentar contra la inteligencia.

COMPLEJA SENCILLEZ

Crecí con la incondicional idea
de que no hay nada más raro que ser normal.
Mirando desde abajo todo cuanto me rodea
cogí un atajo a mis instintos
sin hacer ni una parada en mi moral.

Rodeado de amigos poco empáticos
y de muy empáticos que no son amigos,
conciencio a mi inconciencia de que, si elegimos,
es como nos comportamos pero no lo que sentimos.
Difícilmente arrepentido de mis malos actos.
¿Por qué tener que lamentar cada experiencia?
No supe ni sabré el método exacto
que pueda mal obrar sin consecuencias.

Sin llegar nunca a ser algo que me convenza
navego entre la timidez
que decora las olas de mi poca vergüenza.
Compleja sencillez mi persona atesora.

Vivo cada segundo a todas horas
en la contradicción más absoluta.
La maña de mi pluma es fuerte
y mañosa es mi potencia bruta.

Y aunque es tan sencillo evitar complicaciones
siempre tiendo a complicarme
por no parecer sencillo.
Vivo de noche lo que duermo por la tarde,
gozo cuando pierdo el tiempo
en los pasillos de mi propio imperio.
Suelo separar mi gusto y mi criterio,

soy valiente solo cuando el otro es más cobarde,
con sentido del humor pervivo enserio
latiendo un corazón de hielo
que en mi pecho arde.

No he sentido ni por un instante
un respiro de este delirio incesante.
Voy a ser como quiera
por mucho que duela,
y aunque ni yo mismo entienda este contraste...
sé que mi alma es sincera.

Mi desgracia y mi suerte

De mi lista de contradicciones
a veces sufro y otras disfruto,
cuando me juzgan, ya no discuto
y me sumerjo en mis emociones.

No se molesten, a nadie insulto.
No he de callarme mis sensaciones,
mi diplomacia no atiende a razones,
mi extravagancia se viste de luto.

Laico es mi espíritu creyente,
mi voz, bendición consagrada;
mi vida, un presagio de muerte.

Mi corazón, una pieza prestada;
mi vanidad, una simple fachada;
mi todo yo, mi desgracia y mi suerte.

AUTOCRÍTICA

Si se trata de defectos
quiero advertir a todo el personal,
que soy todo un inepto
en diversos aspectos.
Son ya tantos
que no sé por dónde empezar.

Por ejemplo: ¡Pasé de estudiar!
Yo no tengo siquiera
el graduado escolar,
tal vez por perezoso
o por desmotivación,
no me siento orgulloso
pero tampoco me arrepiento,
no cambio ni un solo momento que he vivido
por todo lo que me he perdido.

¡Tampoco sé bailar!
Nunca se me dio bien ir a un mismo compás,
tal vez por rebeldía,
o por descoordinación,
no sé si es culpa mía
pero, lo cierto, es que el ritmo y yo
jugamos siempre al gato y al ratón.

Tengo los pies deformados,
perpetuamente abrigados,
con tres calcetines sea invierno o verano.

Hipocondríaco insufrible,
algo maniático y sensible,
un hedonista que implora el placer en sus manos.

En la alegría el más triste,
aquel que se viste
de culpas y excesos,
con fatal sinceridad
y extraña complejidad
indescriptible en mil versos.

Cien faltas de ortografía
y la filosofía de un loco muy cuerdo;
por no hablar de geografía...
En todas las rutas del mapa, me pierdo.

Soy un desastre en mi vida,
una caja de secretos,
un alma suicida.

Incluso, entre mis virtudes,
se cubren la cara un sinfín de carencias.

¿Cómo no hacer referencia a mi falta de talento?
¡No aprendí a tocar ni un solo instrumento!
Y aunque lo mío es cantar
y ese terreno lo pise bien fuerte;
nadando contracorriente
se ahoga mi canto.
Y, cada vez, lo que escribo
alberga más dudas, desdichas y llantos.

Aunque resulte ordinario
no pienso omitir lo de mis flatulencias,
las tengo casi a diario
y hacen que sea necesario
huir de su olorosa esencia.
Me sobran más de diez kilos,

soy desordenado y un as del descuido.

Pero hoy gocé de la virtud
que hace que me quiera tanto.
Me sobra gratitud
por ser lo que soy y tener la aptitud
de reírme del llanto.

Después de lo que acabo de escribir,
solo quisiera añadir
que a pesar de mis defectos y de ser todo un inepto...
¡Soy asquerosamente feliz!

Capítulo III:

Abrazos de Poesía

Sobra decir que, sin cada uno de vosotros,
este libro no habría existido.

Abrazos de poesía

(Dedicada al lector)

No he medido la distancia
ni he hecho cálculos de tiempo.
No se mide la importancia
de un abrazo, de un momento.

¿Quién maneja la balanza
de lo erróneo y lo correcto?
Ni se vive de esperanza,
ni ser santo es tan perfecto.

Reflexión y conclusión:
Hoy mi fiel filosofía
pretende romper los lazos;
y entre abrazos de poesía
quedará la hipocresía
esparcida en mil pedazos.

Mis escritos de ambrosía
serán cánticos errantes.
Trasnochados, soñadores,
inventivos, delirantes.

La verdad de mil mentiras,
tu pregunta, tu respuesta,
tu piedad, tu desengaño.

La obviedad de quien me inspira,
tu consulta, tu herramienta,
tu amistad por muchos años.

Esa voz que te sustenta
cuando el miedo te atenaza,

sin que apenas te des cuenta...
es poesía que te abraza.

Mi mayor verdad

(Dedicada a Alma)

Con movimientos espasmódicos
e inigualable sensibilidad.
Con su semblante tan hipnótico
e inconfundible personalidad.

Roza la línea de lo ilógico,
alma vestida de ingenuidad,
la más curtida en despropósitos...
La imagen viva de la autenticidad.

Son ojos sordos los que se pierden
esa belleza incapaz de plasmar.
Son manos ciegas las que perecen
sin conocer el aliento del mar.

Hace que dude de mi inteligencia,
aunque me llena de seguridad.

La incomparable por ser mágica esencia...
La que en mi vida es mi mayor verdad.

Lo nuestro

(Dedicada a Alma)

Lo nuestro no es como un paisaje dormido
de pupilas atentas que imitan las puestas de sol
del desamparo y la tristeza.

No es un café con regusto a tardes de otoño,
ni un paseo descolorido por el paso del tiempo.
Tampoco un recuerdo disfrazado de lluvia
en momentos de dura sequía.

Lo nuestro no es un baile de salón
esperando el aplauso de los años
maltratados por la desidia
y el autoengaño.

Lo nuestro, por no ser,
no es siquiera nuestro.
Porque nada tuyo es mío
y todo cuanto es mío
forma parte del viento.

Un desfile de pájaros hambrientos
que vuelan entrelazados,
burlándose del olvido,
sintiéndose presos,
pero nunca enjaulados.

Un abrazo que cala los huesos.
Así es y siempre ha sido lo nuestro.

EL HERMANO QUE ELEGÍ

(Dedicada a David)

Ni destino, karma, ni casualidad.
Ni camino, ni recuerdo,
tampoco loco, ni cuerdo,
ni victoria, ni fracaso,
ni mentira, ni verdad.

Más bien fuiste, has sido
y siempre serás:
El sentido de mi infancia,
un suspiro de nostalgia,
el que sin quererlo...
me ha enseñado a perdonar.

Compañero inseparable
que jamás podré olvidar.
En ti he visto al más afable,
junto al sucio y miserable,
que logró que un día perdiera
mi fe ciega en la amistad.

"Águila" que vuela
sin sentirse en libertad.
Hoy, por mucho que nos duela,
hay que decirse la verdad.
Y aunque la verdad sea triste
no hay por qué hacer
de esto un chiste;
borrón y cuenta nueva,
o volvamos a empezar.

Nada empieza ni termina,
más bien nace una doctrina

de saber que es lo que importante
y abrazarse hasta quebrar;
ese dolor incesante
que aun dejando de dolernos
no ha dejado de aumentar.

El hermano que elegí...
El que siempre ha estado ahí.
Esa mano firme y fuerte
que agarrar hasta la muerte.
Mi pecado en otra vida,
mi legado estando aquí.

Hoy te siento en mis entrañas
recordando las hazañas
que aún me hacen sonreír.
porque en parte, lo que somos
es fruto de lo que fuimos,
coleccionistas de cromos
de todo lo que vivimos.

Ni destino, karma, ni casualidad.
Ni camino, ni recuerdo,
tampoco loco, ni cuerdo,
ni victoria, ni fracaso,
ni mentira, ni verdad.

Más bien fuiste, has sido,
y siempre serás:
El sentido de mi infancia,
un suspiro de nostalgia,
el que sin quererlo...
me enseñó a saber amar.

Mi elegida

(Dedicada a Lorena)

Blanca piel, dulce y serena,
cálido abrazo maternal,
mi amiga fiel, mi luna llena,
mi preferida, mi incondicional.

Así es su ser, así es Lorena,
rival eterna de la soledad,
la que da vida, la mas sincera,
mi compañera, mi debilidad.

A la que llamo "mi elegida",
la distinguida, la honestidad,
dama prohibida, nube viajera,
hada de un cuento sin terminar.

Pícara, audaz, algo engañosa,
fugaz estrella, agua del mar,
leal, real y cariñosa;
jardín de rosas aún sin plantar.

Como la luna

(Dedicada a Lorena)

A veces eres como un espejo difuminado.
Una partida de ajedrez de reina blanca
y rey enrocado.

Eres un viaje a mi niñez,
también la sombra de mi vejez.
Eres futuro, presente y pasado.

Eres condena de mi alma libre,
la libertad de mi espíritu condenado,
media verdad que se vuelve invisible,
la oscuridad que más me ha iluminado.

Llena o menguante, a veces creciente,
como la luna... eterna cambiante.
Siempre la misma, aunque diferente.
Tan predecible como desconcertante.

¡Como ninguna!
Amiga sin igual,
tan especial
que, entre las estrellas,
tu brillo resalta en el cielo.

Como la luna, tan esencial...
dama y doncella de luz,
inquietud y consuelo.

LO QUE SE VA Y LO QUE SE QUEDA

(Dedicada a Juan)

No es el recuerdo de un momento mágico y perdido,
ni un lamento por aquello que el viento ha de llevarse consigo,
ni el sufrimiento de ver alejarse a un gran amigo.
Es la vereda que recorre aquello que se va
y, lo que se queda, es imposible de explicar.

No es nostalgia, ni es tristeza,
es una preciada pieza
que me acaban de arrancar.
No la preciso para respirar,
ni tampoco para caminar
por la vereda que recorre
aquello que se va
y, lo que se queda,
siento que hoy vale mucho más.

Si hay algo que siempre he sabido
es que nunca se ha perdido
cuando hay mucho que ganar.
¡No debes darte nunca por vencido!
Te lo dice aquel amigo que te venera.

Debes seguir tu camino
por la vereda que recorre
aquello que se va
y, lo que queda, ….
es algo eterno y a la vez fugaz.

HOY YO SOY TU VOZ

(Dedicada a Juan homenajeando su libro: "Mi pequeño gran amor"
Títulos de sus poemas en cursiva y negrita)

Hoy quisiera contar ***una historia distinta***
o cantar ***una nueva canción***.
Volver a sentir que soy protagonista
entre las olas del ***mar***,
en un lugar donde hallar mi conquista
con lo que da el corazón.

Aprendiendo a ser como el ***miedo,***
anclado a ti, tembloroso y sincero
veo ***como pasa el tiempo***
y ***un pedazo de mí*** se escurre entre mis dedos.

Como cabellos al viento te vi partir... ahora lo siento...
Fue un lunes cubierto de enero.
Mañana empezará
el despertar de mi tiempo
acostado en tu regazo,
desgastado y ***en silencio,***
con el alma hecha pedazos.

Me siento ***deshabitado,***
la distancia me ha vencido,
cuánto vale lo perdido,
cómo duele lo olvidado.
Tu presencia se ha extinguido,
solo me queda
la ausencia de tenerte a mi lado.
Préstame tu voz y, en silencio,
cantaré en mis noches desgastadas.

Tiempo, tú me faltas...

A oscuras en la luz
me confundes y me espantas.
¡Tú me cortaste las alas!
Tantas ***heridas abiertas***
disparando ***pocas balas***.

Queriendo querer la vida,
demasiado pronto me alejé de quien quería,
y ahora me pesa en los ojos ***tu color***,
tu desencanto y esta ***puta rebeldía***...
Hoy yo soy tu voz, mañana sé tú la mía.

PASAJERA DE ETERNIDADES

(Dedicada a Cristina)

Representación ficticia de autenticidad intachable.
Arte que derrocha y acaricia mi corazón
con gesto dulce y amable.

Sutileza sin falsos adornos,
pasajera de eternidades,
paisaje de extraños entornos
que albergan tus bellas bondades.

Bájate en la estación
de mis versos que abrazan
y a tantos lugares transportan.

Que te aguarda una bella canción,
un universo en el que andes descalza.
Una muestra de mi admiración,
mi amistad y tu relevancia.

GRACIAS Y PERDÓN

(A mi madre)

Desde el más callado respeto
mi alma pretende escribir
un poema, quizá un soneto,
algo dedicado a ti.

No logré nada en concreto,
tal vez no conozca el secreto
de dejar de pensar y empezar a sentir.
Comenzó con una descripción.
¿Cómo no? Si no recuerdo mal decía así:

Estatua de cera
con ojos de fuego.
La más larga espera...
Un río sin agua, una espada
sin fragua forjada en el tiempo.
Escudo de sentimientos,
armadura desgastada,
silencioso sufrimiento.

Pero en ese momento
me di cuenta y no seguí.
Decidí contar un cuento
donde no todo es perfecto
ni existe un final feliz.
Fue algo así:

Ella siempre fue el pañuelo
de aquel niño perezoso,
protectora hasta el extremo...
fue su barca, fue su remo,
él fue un lago revoltoso.

Y los años se encargaron
de hacer cambios caprichosos.
Aquel niño, no tan niño,
cada vez se iba alejando
más y más de ella... y de él.

El silencio paso a ser protagonista.
Se adueñó de todo el cuento
hasta el momento.
Hoy la historia puede ser distinta
si al fin digo lo que siento:

¡Gracias y perdón!
Gracias por lo aportado
y estos años de cobijo.
Perdón por los desengaños
que te he dado como hijo.

Gracias por brindarme el don de la poesía,
el único idioma que entendemos todavía.

Y perdón si no he estado a la altura,
pero al escribirte a ti
sale mi cara más clara,
sincera y más cruda.

Somos poesía

(A mi madre)

Soy producto
de ese triste reflejo
que, en mi caso, no en tu pellejo,
tanto he sufrido y sufro
y, cuanto más me acerco,
me siento más lejos.

Veo sin mirar,
oigo pero no escucho
las olas del mar
de tu dura tormenta.

Me ahoga el pedir
y no poder dar con la cura
que sepa traer tu sonrisa
de vuelta.

Estoy cansado de herir,
aunque yo siempre he sido
mi presa perfecta.
Haciéndome daño
te hice daño a ti
y tanto sufrir ha logrado
cerrarnos las puertas.

Hoy siento la necesidad
de romper el silencio y decirte que te quiero.
Que admiro tu fuerza de voluntad,
tu arte en escribir,
tu espíritu sincero.

Que ahora estoy aprendiendo

a llorar y reír,
que no hay sinvivir
que no viva muriendo.

Que somos eternidad,
que hay un porqué ser feliz,
que ahí fuera hay gente
que nunca dejó de querernos.

Que aun estando ausente
me tienes ahí.
Que solo quiero abrazarte
y deshacer tu agonía.

Que lo que digo
es con sinceridad,
no son metáforas
ni palabras de cortesía.

Que aunque no vemos la felicidad
somos realidad
que supera toda fantasía.

Porque tristes o alegres
siempre somos verdad...

Porque fuimos, seremos y somos poesía.

Rey de los pesados

(A mi padre)

Difícil no hacer uso
de mi lado cómico
para dejar por escrito
ese delirio exquisito
de tu semblante icónico.

Cálzate mis versos a medida
de sabor irónico
y regusto a causa perdida.

Y sin falsas alusiones a tu vida
dejaré volar las emociones
al compás de tus historias repetidas.

Memoria divisoria
que revive pasados
y el presente descuida.

De mil oficios forjado.
Zurdo de ideas,
de actos diestro.
Maestro en inicios inacabados,
rey de los pesados,
sabedor de lo tuyo, lo mío y lo nuestro.

De corazón sincero
y alma humanitaria.
Pasión hospitalaria y de boca…
embustero.

En hacer la contraria, el primero.
Locura tan necesaria

en tu mundo bajo el sombrero.

Padre de muchos, amigo de todos.
El que me quiere tanto
y al que yo tanto quiero,
aunque a nuestro modo.

Porque aun cuando te aborrezco,
te aguanto.
Porque a ningún otro padre prefiero.

Mi preciada gratitud

(A mi hermana Ana)

Tuve envidia de su mente,
la estudiaba atentamente,
fue mi ejemplo y mi patrón.

Desde siempre la imitaba,
hasta su letra copiaba,
fue mi ajeno ensayo
del que aprende a prueba y error.

Fue mi maestra inconsciente,
yo entusiasta adolescente
que observaba con discreción.

Fue tan grande su influencia
que olvidé quien era yo.

Pero al paso de los años
fui subiendo los peldaños
de la suerte y la quietud.

Tropecé hasta en sus tropiezos ,
comencé a pintar mi lienzo
de aparente plenitud.

Fue mi Eva y mi manzana,
fue mi ayer sin un mañana,
mi arrogante aptitud.

Hoy es mi querida hermana,
luna y sol en mi ventana,
mi niñez, mi juventud.

Mi opinión más respetada,
el saber sin decir nada,
mi preciada gratitud.

África

(A mi sobrina África)

Tan carismática,
tierna y simpática,
enérgica y espiritual.

Tan enigmática,
algo maniática,
magnética y sensorial.

Tan grande es África,
la niña que más quiero,
mi abrazo más sincero,
mi tiempo no dedicado
más sufrido y más llorado;
lo que aún no he aprendido a demostrar.

Un potro desbocado,
la lluvia en un tejado sin techar.
Todo un paraje inexplorado,
tanto que dar, tanto entregado...
Mi tarde mágica, mi eternidad.

MÁS QUE UN SIMPLE Y BELLO RECUERDO

(A mi hermana Elisabeth)

Un paisaje imaginario,
otro mundo tan diáfano,
distinto, intangible y necesario.

El universo más complejo,
un reflejo sin espejo,
invisible e inapreciable.

Más que un simple y bello recuerdo.

La magia de mi niñez,
la nostalgia de saber
que eso solo ocurre una vez
y cuando intento volver
siempre me pierdo.

Pero una vez aferrado
al presente que vivimos
me siento privilegiado.

Y aunque lejos te hayas ido
cuando vuelves das sentido
a lo vivido y lo soñado.

Una colorida historia sin igual...
No es casual nuestra memoria
que no olvida lo que no se ha de olvidar.

Hoy mi alma se sincera,
doy mil gracias por tenerte,
escribirte es mi manera de decirte:
Ser tu hermano es mi gran suerte.

ESE REGALO PERFECTO

(Dedicada a Víctor)

Un acorde de silencio,
un abrazo musical,
el desorden más selecto
de pedazos de una joya de cristal.

Ese regalo perfecto
que aquel día me entregaron por azar.
Ese amigo predilecto
que por siempre estoy dispuesto a conservar.

Distintivo entre la gente,
fugitivo, confidente,
ese que arriesga su vida por amar,
en alta mar.

Dar por dar sin que se pida,
el hogar de los que olvidan
que aún existe la palabra humanidad.
El que no se echa de menos
porque siempre está de más.
El que no se siente ajeno
porque viaja con nuestra sinceridad.

Único e irreemplazable,
tan afable y tan leal,
imposible evaluarle,
no hay medidas que lo puedan
comparar ni puntuar...
Ese sueño inalcanzable
que no dejé de soñar.

Ya se despertó tu oso,

ya dejó de invernar.
Hoy te escribe orgulloso,
esperando tu regreso
para poderte abrazar.

HURACÁN DE FUEGO

(Dedicada a Irene)

Ese huracán de fuego que se va y viene,
ese volcán de hielo que no se derrite,
una envestida del mar que no se detiene,
una puesta de sol que nunca se repite.

Es una fuerza que todo sostiene,
pura verdad que mentiras no admite,
vida que da más de lo que tiene
y sabe sentir a la vez que transmite.

Mi buena amiga, querida Irene:
Te escribo estos versos que tanto mereces.
Que en tu alma prosiga
ese amor que, con creces,
nos llena de luz y de vida.

Pues la buena amistad no se olvida
y nos hace llorar y reír muchas veces.

COMO EL HORIZONTE

(Dedicada a Dani)

El que no entiende de medidas,
el que a veces no responde,
el que cura sus heridas
con canciones y licores.

El presente más ausente,
el más cuerdo de los locos,
el suicida más prudente,
el de ni mucho ni poco.

Sabe más de lo que dice,
calla más de lo que cuenta,
a veces se contradice
y otras veces se reinventa.

Esa puerta a la que llama
todo el mundo y nunca entra,
un camino guiado sin rumbo,
una pregunta sin respuesta.

Lineal como el horizonte,
visual pero inalcanzable,
la sencillez más compleja,
el callado más sociable.

Tan fugaz, tan divertido,
tan audaz e incuestionable,
fiel siempre a su cometido,
a su forma, pero amigo...
Único e incomparable.

Tu bicho rarito

(Dedicada a Sarai)

Veterana por excelencia
que, aunque lejana,
mantiene intacta su esencia
en mi memoria siempre cercana.

Tantas idas y venidas
con subidas y bajadas,
de aquella amistad surgida
en edad tan tierna y temprana.

Crecimos soñando juntos
con nuestros sueños por separado,
tejiendo punto por punto
pequeños descuidos pasados.

Yo soy tu "bicho" rarito,
ese que no te ha fallado.
Tú, mi tesoro infinito,
un verso que nunca he escrito,
el abrazo que aún no te he dado.

Y no hay más que vernos ahora
para poder darse cuenta
de lo que tantos ignoran
y muchos se inventan.

Lo que esta amistad atesora,
lo que será...
y lo que representa.

A TI

(Dedicada a Joselo)

A ti que me estás oyendo ahora,
a ti que conocías cada paso que daría sin anunciarlo;
porque intuías mi pensamiento,
si me encontraba feliz
o me moría por dentro.

La amistad es el más puro sentimiento
por no precisar del placer de usar el cuerpo.
No ha de haber posesión,
ni compromisos, ni celos;
tan solo aceptación, confianza y respeto.

Pero tal vez no has comprendido
que ya no soy como el que he sido;
el que "vivía siempre el momento".
Soy ese que, a pesar de tus DEFECTOS,
siente un inexplicable afecto
que me sigue uniendo a ti.

Porque... aún, cuando canto contigo,
brillan mis ojos y consigo
flotar por todo el universo
y, en ese preciso momento,
soy el hombre más feliz.

A ti que te disfrazas de sonrisa
como un arlequín
armado de "bromas precisas".

Debes reorganizar toda tu vida
pues sigue atrapada en recuerdos.
Para poder avanzar

hay que vencer pesadillas
y luchar de verdad por tus sueños.

Porque tanto tiempo perdido
nunca nos pasa inadvertido,
porque hoy te digo lo que siento,
porque este es un sentimiento
que arde fuertemente en mí.

Porque contigo he aprendido
con cada error que he cometido,
a mirar siempre hacia delante...
Incluso a ver a aquel cantante
que había dentro de mí.

Por mucho o por nada

(Dedicada a Noemí)

Impensable e inimaginable
reina sin corona
que, con trono destronado,
entre nubes del pasado
peina y pule su persona.

Dama de anocheceres madrugadores
que reclama los placeres derrochadores
en la eternidad de su lealtad
a sus grandes amores.

La duda más evidente de verdades
muda ante desigualdades
que no calla ante adversidades.

Auténtica mirada de magnetismo
que, por mucho o por nada,
de su alma siempre entregada
espera respuestas sin antes pedirlo.

Fuego a medio arder
que quema sin medida.
Ego incierto, un tardío renacer
que renace nuestras vidas.

Luz que se empaña con la neblina
de falsas palabras enmarañadas.
La que se extraña por todo
y se quiere por nada.

MENDIGO DE MI INSPIRACIÓN

(Dedicada a Pedro)

Desordenado descontrol,
un abanico de emociones,
luna que eclipsa más de un sol
y espera aún que le perdonen.

Viento que sopla a su favor
facilitando el movimiento
de un torbellino arrasador
que envuelve el eco de su voz
cargado de risa y lamento.

As de la improvisación,
artista de la vieja escuela,
pariente de alguna canción,
hijo y nieto de su abuela.

Amante de la imperfección,
la verdad más mentirosa,
el que llamando la atención
esconde siempre el corazón
y muestra su ala más graciosa.

Algunas noches perro fiel,
otras un gato aventurero
que ha contemplado amanecer
entre los brazos del placer
y la añoranza de un "te quiero".

Hermano de la plenitud,
padrastro de viejos recuerdos,
testigo de la ingratitud,
esclavo de su propia cruz...

Amigo de grandes momentos.

Guardián de su devoción,
gran compañero de escenario,
vecino de tu corazón,
mendigo de mi inspiración,
de este poema, propietario.

DE TU PATIO, UN CALCETÍN

(Dedicada a Elsa)

¡Qué glorioso formar parte
de tu espacio intemporal!
¡Qué orgulloso de abrazarte
y adornar con cierto arte
tu lugar más personal!

Nada soy sin mi pareja,
pues nadie viste un pie
por dejar otro desnudo.

En tu cajón esa madeja
que de tus pasos se aleja
y en tu corazón forma un nudo.

Mientras sepamos sentir
que sonríes contemplando
tantas vidas ahí colgando:
¿Qué más se puede pedir?

¡Yo solo pido tu abrazo!
Y ser aún, por muchos años;
de tu patio, un calcetín.

Hogaza

(Dedicada a Antonio)

Como el pan de cada día
que el ayer nos endurece,
un mendrugo sangra encías,
otros nuevos dientes crecen.

Desayuno de comparecencia
en solitaria y fría compañía,
que retrata la trágica ausencia
de lo que dejas saber de tu vida.

Ten presente que el peor futuro
es conformarse con recordar el pasado.
Buenas tortas haces de pan duro
que untas con tu dulce rostro cansado.

Mas no escuches mi consejo,
discrepa y sigue tu camino.
Yo no estoy en tu pellejo,
ni soy tu guardián divino.

Tampoco maza pesada
que intenta romper tu coraza.
Soy solo un loco imprudente
que un día te apodó: "Hogaza".

Quisiera tenerte más cerca
y no sentirte tan lejos.
En la amistad no hay fronteras...
Amigo mío, en ti me reflejo.

ÁNGEL CAÍDO

(Dedicada a Ángel)

No hay traje de luces que esconda
la oscuridad de su triste mirada
y, aún sonriendo, su boca sellada
juega el papel del silencio
de un alma siempre castigada.

Su grandeza dispuesta ofrece
y muestra a veces la flaqueza
de aquello que tanto presume
y sin darse cuenta carece.

Vanidad de un "ángel" caído
que después de ser destronado,
se adentró en territorio prohibido
y, a su forma, fue creando su nido
e intentó reinventar su pasado.

De la muerte eterno enamorado
que en forma de arte convierte
su pensamiento tan obstinado.
Vestido siempre de fiesta
pero con gesto roto y cansado.

No tomen a mal mi discurso,
pues lo bello de la poesía
es que la verdad siempre sigue su curso
dejando a un lado la hipocresía.

Ese que se hace querer

(Dedicada a Saba)

Fue de lejos, con prudencia,
cuando antes de acercarme
vi lo bueno que había en ti.

Era grande
mi temor a equivocarme
y un honor asegurarme
de que eras la persona
que debía estar ahí.

Fuente de vida
que burla a la muerte.

Padrazo y amigo que cuida
mejor que a sí mismo
a su gente.

Maestro que a tantos enseña
y que tanto de todos aprende.
La sencillez más pura en esencia,
un simple gesto que siempre sorprende.

Anfitrión de abrazos que calan,
corazón que no viste de gala;
porque su alma la da, no la vende.

Ese que se hace querer...
y tanto cariño desprende.

NADA IMPORTA EL LUGAR

(Dedicada a Jessi)

No sé bien en qué lugar debo ubicarte...
Abarcas tantos huecos de forma tan singular
que sería un mal gesto por mi parte
compararte con el resto.
Aunque para ser honesto,
siempre tiendo a comparar.

Es por eso que he sentido
la necesidad imperiosa
de encontrar un buen cumplido
que sin pintarse de rosa,
te sorprenda en un descuido.

Esa frase cuidadosa
que sin falsas alabanzas al oído,
sepa a tu alma acariciar.

Mi cariño, mi verdad y confianza
se hacen uno y se afianzan,
para decirte sin dudar:

Que tus abrazos alcanzan
donde mis versos
no saben llegar.

¡Gracias!
Porque en mi universo
eres mi espacio y mi tiempo,
y nada importa el lugar.

Recio de virtud

(Dedicada a Jordi)

Declive de matices grises
que a color visten de tela llana,
los que escuchan y no miran
lo mucho que dices
y confunden tu persona con tu fama.

Servidor del bien común,
manos que cielos tocan,
portador de gracia y gratitud,
tan "Recio" de virtud
y espíritu de firme roca.

Tanto desprecio aclamado
y tan ignorado aprecio.
Bendita la suerte de haberte encontrado
y ser esa voz que llene tu silencio.

Atrevido y osado, absurdo,
sin sentido, pero sincero;
te habla mi poesía,
borracha de versos de alegría,
en esta noche de febrero.

ROBIN HOOD DEL PECADO

(Dedicada a Jose)

Desgastadas tus suelas
y eternas las huellas
que guían los pasos
de sueños perdidos.

Tú, que en tus brazos anhelas
ese profundo suspiro
de fracasos vencidos
y mil noches en vela.

"Robin Hood" del pecado,
ladrón del silencio y el miedo.
Ocupa desocupado,
patrón del desasosiego.

Repartido en soledades
siempre haciendo compañía,
entre tus medias verdades
y el sabor de la empatía.

Tempestades que han sufrido
el desengaño y la utopía,
dando amor siempre a raudales,
aunque tu alma desconfía.

Fabricante de ilusiones ajenas
que vuelan a ras del suelo,
reina abeja de las colmenas
de bajas pasiones
y el desconsuelo.

Orgullo de quien consigue

hacerse en tu vida un hueco.
Flechas que el viento persigue
formando murmullos de eco.

Viajero del tren de la escucha,
abrazo de los que abrazan,
guerrero de los que luchan,
sonrisa que se disfraza.

Demonio bueno, ángel caído,
cuento reescrito sin desenlace,
insomnio ajeno, gigante herido,
crimen prescrito, largo romance.

Dolor ameno, errante perdido,
eterno niño que a ratos muere...
Y cada día de nuevo nace.

Aquí estamos hoy

(Dedicada a Masús)

Empezamos con mal pie, no hay que negarlo.
Me dijiste al conocerme:
"Te voy a romper los dientes
si a mi amiga le haces daño".

Y sin dar mucha importancia a tu amenaza
yo seguí con mis andanzas
engordando tu desconfianza.

Me dejé llevar por la aventura
y, al hacerse pública nuestra ruptura,
la tierra empezó a temblar.
Aún puedo escuchar
aquella voz perturbadora,
la llamada de esa amiga protectora
que mostró desde un principio su lealtad.

Cualidades a explotar sin desperdicio,
justiciera personal
antes que abogada como oficio.
Cada vez te fui cogiendo más respeto
y conocerte fue un honor.

He llegado incluso a ser tu consejero,
descartando tus amantes pasajeros.
Hasta que por fin encontraste el amor.

Aquí estamos hoy, celebrando tus treinta,
lo que eres y lo que representas.
Disfrutemos del momento
y a brindar por muchos más.
Te dedico con cariño esta poesía,

tú dedícame tu dulce compañía
y un abrazo que prescinda
de lo que sobra explicar.

MENOS PEOR

(Dedicada a Marín)

Recuerdo mis primero pasos,
tan torpes como oxidados;
mis pies descalzos,
desnudos los fracasos
que, a base de tiempo y paciencia,
lograron ser bien educados.

Me enseñaste del judo la esencia
y de la vida su significado,
aprender a luchar, a caer
y volver a ponerme en pie
tras haber sido derribado.

"Menos peor", me decías,
corrigiendo cada movimiento.

Hoy tus palabras
también son las mías,
pues las recuerdo a cada momento.

Por eso disculpa el atrevimiento
de escribirte esta dedicatoria.
No dejarás nunca de ser algo eterno:

Consejero, maestro y amigo...
mentor inmortal en mi alma y memoria.

ALMA

(Dedicada a Alma)

No son los ojos de un dios,
ni las manos de quien acaricia,
no la boca y la voz
de una noche mágica y promiscua.

No es el pelo de una sirena,
no el rostro de una princesa,
ni el carisma de una actriz en escena.
Sí la que mejor besa,
sí quien arranca mi pena.

Alma:
Abriga y desnuda la calma,
la que nunca supo de mi vida,
la que da sin que se le pida.

Alma:
En tu nombre está la certeza,
la fuerza, la vida, la belleza.
Tú que curas las heridas
mostrando tu suma pureza.

No es el sueño más escondido,
ni la realidad que jamás se ha vivido.
Sí mi presente más esperado,
mi forma de vengarme del pasado.

No es el pecado jamás cometido
ni el abrazo que nunca hemos dado.
Sí mi vida, siempre eterna…
Esa que vivo a tu lado.

Aprendices

(Dedicada a Alma)

Me pesa el tiempo en los ojos
que cuentan tristes y rojos
cada segundo de tu ausencia,
pues me falta tu presencia.

Busco con ansia mi sueño
sin patria, bandera, ni dueño.
Crezco un poco cada día
y me siento más pequeño.

Aprendiz de maestro,
maestro en ir aprendiendo,
en seguir tu rastro,
en irte queriendo.

Aprendiz de maestro,
maestro en hacer del tiempo
el eterno abrazo
que estamos viviendo.

Y tú no sabes donde viven
aquellas metas que persigues.
Aferrada a un mundo incierto,
desnuda ante el desconcierto.

Insegura de mis besos
y de mis actos más perversos.
Temeraria y pesimista
en tu mundo de desprecio.

Aprendiz sin maestro,
maestra en irte escondiendo,

en reír llorando,
en llorar riendo.

Aprendiz sin maestro,
maestra en mis sentimientos,
en lograr besando
que se pare el tiempo.

Y tú eres más grande en mi universo
que el amor que cabe en cualquier beso.

Capítulo IV:

Luz Infinita

Si la oscuridad huele a mentira,
prefiero vivir por siempre en la verdad.

Luz infinita es poesía, música, amor y amistad.

LUZ INFINITA

Con un leve murmullo acontece
la tímida voz del consuelo
que mece la cuna de mi desvelo
dejando dormido el orgullo.

Y en lo más alto de la discordia
contemplo otra perspectiva:
"Hoy se ama a quien te odia
y se premia al que castiga".

Humildad en vanos intentos
de atrapar la verdad con las manos
y rezar la oración del silencio.

Abierto a la iluminación
de quien disipa su oscuridad interna,
despierto de corazón
y envuelto en la gloria eterna.

Al fin lejos de la búsqueda maldita,
mundana y herida de muerte.
Me aferro a tu luz infinita...
Y ha sido un honor conocerte.

EMPEZANDO A DESPERTAR

Ahora que al cerrar los ojos
puedo ver con claridad.
Ahora que los sentimientos
reforzaron sus cimientos,
he limpiado los despojos
de mi cruda realidad.

He perdido en el camino
tantos años que al mirar atrás,
siento que he estado dormido
y a pesar de lo ocurrido
por fin estoy empezando a despertar.

Y es que "hay veces que perderse
es la mejor manera de aprender a encontrarse"...
y hay encuentros que nunca deberían perderse.

EL PESO DE LA CORDURA

El peso de la cordura se vierte sobre mi espalda.
La libertad es un ejército de musas especuladoras
que se abren paso entre las ruinas
del tenue abismo de mi pasado.

Los aromas de la verdad
acarician mi rostro sonrojado por el reflejo de la luz de mis ojos
que vuelven a brillar de nuevo.

El espejo me devuelve alguna sonrisa
que se perdió por el camino.

Mis párpados, cansados pero despiertos,
observan con atención cada momento.

El miedo opresor, carroñero de injurias y desengaños,
se aparta asustado y confuso
ante mi nuevo universo expandido.

Y al despertar cada día...
¡Por fin sé quién soy!

Sobriedad

Me visto de cenizas, me consumo,
arde sobriedad en mis aposentos,
me vierto de inquietudes, sufrimientos,
me inundo de un dolor del que presumo.

De sabias decisiones me perfumo,
mis ojos permanecen siempre atentos,
la tempestad no cesa sus intentos
de hacerme tropezar, mas yo lo asumo.

Converso con las horas somnolientas,
discuto con mi ególatra silencio,
me inspiro entre el bullicio de la gente.

Sospecho de mí mismo y me conciencio
que es tiempo de ventiscas y tormentas...
y debo navegar contracorriente.

MI INFANCIA

Mi infancia fue un pasaje de juegos intangibles,
deseos manchados de barro
y mi imaginación cosida con alambres.
Fue una mochila maltrecha y desconocida
que me acompañaba en mis sórdidos días de colegio.

Mi infancia fue un parque de atracciones familiar;
una casa que hablaba conmigo del tiempo,
de sus ilusiones, de nuestras preocupaciones y de mis complejos.

Flotante humo de inciensos
donde se perdían las palabras jugando al escondite.
Una cometa gigante vista desde un ojo,
una serie de acción bajo las sábanas,
un aparato en los dientes.

Fue la hermandad de figura canina
arropando mi sombra;
fue el miedo y respeto, con ápices cómicos,
a un padre indestructible
que competía con las paredes de su propio espacio.

Una madre que levantó esas paredes empapeladas
y, entre guisos de extremos cuidados,
me "enseñó" a ver las alas de mi espalda
frenando mi impulso a volar,
viendo el peligro y no la aventura.

Un hermano que elegí
que supo plasmar mis ideas de corcho y precinto,
siendo capaces de sobrevolar nuestra historia.

Mi infancia fueron unos pies
anclados a la desidia del metal de mis botas ortopédicas,
una cocina por laboratorio, un resfriado,
una novia que nunca supe,
una habitación compartida,
un enjambre de maniáticas abejas
envenenadas de miel de incertidumbre.

Fue un abrazo mal doblado
en cajones de ropa sucia.
¡Tantas cosas fue mi infancia!
Aún sigue en parte conmigo.

PERSPECTIVA

Al mirar por mi ventana
veo un triste atardecer.
No hay ayer, no hay un mañana,
solo hay restos de mi ser.

Pero un árbol me ha gritado:
"¡Tienes mucho que aprender!"
Si te sientes estancado
aprovecha 'pa'crecer'.

Disfruta del paisaje
y de todos sus matices,
plántate bien orgulloso
y recuerda tus raíces.

Que no te anden por las ramas,
sé la sombra y el cobijo
de todo aquello que amas".
Todas esas cosas dijo.

Amor o como se haga llamar

Es la unión más despegada,
un corazón entre dos almas,
la casualidad con causa,
un derroche de emoción,
un estanque de templanza.

Es un tiempo repetido
que vivimos como si no hubiera sido.
El regreso al paraíso
del que vuelves tras un beso
que surgió tan de improviso.

Es un perdón que nunca olvida,
es dar por dar sin que se pida,
es entregarse a una ilusión.

Es un temor que nos da calma,
cerrar los ojos y abrir el alma,
cantar distinta la misma canción.

Generosidad tan egoísta
que, a veces, se ciñe a la verdad
y, otras, miente con naturalidad,
si el hedonismo le conquista.

El que no deja de ser quien es
porque jamás ha sido el mismo.
El del derecho y del revés,
provecho con desinterés,
el colmo del compañerismo.

Es igual y tan distinto,

amor o como se haga llamar…
Es pura y dura necesidad,
el hambre y la sed del instinto.

CÁRCEL DE CEBOLLAS

(A Miguel Hernández)

Víctima del rayo que no cesa
que en la luna de tu pecho mora.

Tarde ya para elegías que atraviesan
el almendro de nata que tu voz resucita y decora.

Con tres heridas en el alma,
cicatrices que se infiltran
en tu cárcel de cebollas.

Para la libertad de cada lágrima que salpicas y evocas,
umbrío por la pena, reivindico cada una de tus joyas.

En cada boca, una canción primera
y una última canción, sentado bajo los muertos
que, en Orihuela, yacen despiertos…
Y palpita aún tu corazón de calavera.

Quevedo

De sus joyas,
permítame que escoja,
la constante admiración
más allá de la muerte.
Mi corazón sus palabras aloja.
Figura tan viva e inerte.

Tan amarga es la verdad
que en la vida del buscón,
intensa y larga,
supo aprovechar cada motivo
definiendo el amor,
pesada carga.
Eterno genio innovador,
cretino, cruel y altivo.

No he de callar,
tú, bien lo sabes.
Y aunque siglos nos separan
te siento muy cerca.
Rápido y tenaz
de pluma y espada.
Con afán disputas
tu sagrada enmienda.

Tu epístola satírica y censoria:
Mi credo.
Tanto que has dado
aún después de tu muerte.
Futuro, presente y pasado:
Quevedo, poeta de ayer
y de siempre.

SI FUERA

(A la música...)

Si fuera un mes sería abril.
Por la lluvia, por el tono gris
melancólico imponente;
el invierno más caliente
que cede a la primavera.

Si fuera un día respondería
que no ha llegado todavía,
que al igual que las estrellas
hay muchas cosas bellas
que aún están por alcanzar.

Si fuera diosa prohibiría
las prohibiciones y erradicaría
las religiones, el hambre,
las guerras, las ansias de alegría.

Si fuera dolor se autodestruiría.
Si fuera amuleto, yo lo llevaría;
si fuera un reloj se pararía,
si fuera verdad, yo jamás mentiría.

Si fuera el diablo aprobaría las tentaciones
y patentaría un nuevo infierno
donde el invierno
de vez en cuando enfría.

Si fuera un botón de mi camisa
no lo abrocharía para que la brisa
pueda acariciarlo mientras camino
y se sienta libre cuando vaya conmigo.

Si fuera un papel sería un poema,
melodía en boca de quien desea.
Viviendo el momento varada en el tiempo,
un beso que endulza el alma y el aliento.

Si fuera mi amante
jamás dejaría que un solo instante
hubiera en su vida alguien por delante
que le hiciera sentir la mitad que yo
cuando se sacie de mí.

¡Promiscua mujer!
Más que la noche y la luna.
Tatuando en tu piel su eterna partitura.

Belleza y pureza, inquieta inquietud
de una musa que empieza
a sentir plenitud.

DAMA DE LA PEREZA

Sé de una que me espera
todas las noches atenta y dispuesta.
La que vive prisionera dentro de un cuarto
y nunca se queja.

La que yo extraño cuando intento cambiarla por otra.
La confidente de mis secretos,
la que me soporta.
La que se presta siempre
de piernas abiertas.

La que siempre está tumbada
porque es la dama de la pereza.
La pasiva, la callada,
la que respeta mis horas de siesta.

La que en la almohada aguarda toda clase de respuestas,
la que nunca está cansada,
la única que no protesta.
La que se presta siempre
de piernas abiertas.

Cama:
¡Tú eres la dueña de mis sueños!
Mi compañera leal,
quien más me ha visto llorar
y hace más cálidos mis inviernos.

Cama:
¡Cuántos amantes hemos compartido!
Pero nunca has querido
guardar bajo tu abrigo,

más de una noche a otra mujer
que la que hoy vive conmigo.

Formas Poéticas

¿Puede parecer más estético
usar moldes de modas dogmáticas
siguiendo las normas estáticas
de adeptos a un código ético?

¿Quiénes, con dudas erráticas,
huyeron del sistema métrico
que, lejos de ser más poético,
complica aún más la gramática?

¿Comedida? ¿Anticuada? ¿Pretenciosa?
¿Forma perdida? ¿Meditada? ¿Algo tediosa?
¿Será la rima? ¿Tal vez la medida?

¿Qué será eso que suena y resuena?
¿Siente de verdad? ¿Es fingida?

¿Es más difícil e ingeniosa?
¿Es más o menos hermosa
por estar o no estar sometida?

¿Qué más dará si es antigua o moderna
si, al final, la poesía es eterna
flor perfumada de muerte y de vida?

BOCA

El arte de besar,
el don de la expresión,
el orgullo de alagar
cantando una canción.

La alegría de reír,
el miedo a lastimar
hablando sin pensar
o diciendo la verdad.

Boca...
Que abarcas tantas cosas,
que dices, te contradices y te equivocas.
Volcán de fuego y hielo,
jardín de cardos y rosas.

Boca...
Que mientes, que callas,
que besas y expresas.
Boca...
Que te desalientas
en noches desiertas.

Boca...
Que muerdes, que atrapas
y caes en el anzuelo.
Boca...
Que aciertas o fallas,
que te contienes o estallas.

¡Ay boca!
Que lloras por dentro.

LUZ DE MÁGICA ESPERANZA

(Autores: Miguel Ángel Ortiz y Juan García Sánchez)

A ese que me abrió los ojos
devolviéndome la confianza
en la amistad y el corazón.

A ese que sanó mi herida
cuando se rompió mi vida,
luz de mágica esperanza,
mi sagrada salvación.

Hoy, tu luz en la distancia...
soy y siempre seré yo.

A ese que de luz me envuelve
con su voz de tormenta y calma
y que a abrazar me enseñó.

A ese de sombra "extinguida",
pasional, soñador y guía,
luz de mágica esperanza
capaz de abatir mi dolor.
Hoy, tu aliado en la batalla...
soy y siempre seré yo.

Yo he sido tu voz recitada,
tú, lo eterno y fugaz que se queda,
amigo, poeta, mi escudo y espada
que en forma de verso se enreda.

Tú eres el tiempo mejor compartido,
una fuente inagotable de recuerdos,
más allá de esa voz... El amigo,
el canto libre de un preso en sueños.

INSPIRACIÓN

Viniste a mostrarme un universo
carente de estrellas y lleno de lunas
en ti reflejadas.

Fuiste aquel verso impaciente
que se desnuda de pronto,
tan toda mía, tan de repente.

Viniste como quien pide consuelo
abrazando cada ápice de mi existencia.
Tan llena de vida y de muerte,
como hembra en celo,
entregada y sedienta.

Viniste a despojarme de dudas
inundándome de inquietudes,
volviéndome preso de tardes oscuras,
colmando de lágrimas mis virtudes.

Viniste para quedarte y te fuiste;
y más tarde volviste de nuevo.
Tu voz tan melódica y triste
resuena con ecos de viento.

Y hoy yo he venido a buscarte
para perderme contigo en el tiempo;
porque aquí y en cualquier otra parte...
sé que vendrás a inspirarme de nuevo.

CUANDO SE SABE VIVIR

Bebí del poso del café de los poetas,
aprendí de alguien sabio
que todo está en saber.

Abrí de un cuarto oscuro
ventanas y puertas
y, al entrar la luz,
al fin pude ver:

Que hoy las musas son más viejas,
que han madurado y me han visto crecer,
que hay caminos de tinta sin horizonte,
y que aún me queda mucho que aprender.

Escribiendo, muchas veces,
todo lo que me entristece
tiende a desaparecer.

Veo la sangre derramada gritando victoria.
Juzgo que todo el que ha luchado llegó a alcanzar la gloria.

Y, al fin, con la actuación preparada,
comprendí que no sirve de nada
esperar a que el cielo te mande una señal.

Que hay que actuar
y no esperar a que lleguen las cosas.
Que hay que actuar después de ver y juzgar.
La vida no es un sendero de rosas.

Pero es tan hermosa...
Cuando se sabe vivir.

Una frase precisa

(En agradecimiento a Alma por hacer posible que se cumpla este magnífico sueño)

Aquí me encuentro de nuevo...
sentado sobre mi nube imaginaria de espuma y azúcar,
contemplando el horizonte como si pudiera tocarlo,
atrapado entre un hoy que se desvanece
y un mañana que parece que fue ayer.

Y me fusiono con los entornos fugaces que decoran mi perspectiva,
alimentando mis ojos de nuevos colores
que le dan sentido a mis días.
Entonces... ocurre el divino milagro:
Tú sigues ahí, como siempre,
no has dejado de ser ni de estar a mi lado.
Aún crees en mí y me lo demuestras con cada minúsculo gesto.
Y me despiezo por dentro pensando qué hubiera sido de mí
si no te hubiera conocido.

Tú, que respetas mi espacio a la vez que lo invades.
Tú... que, de forma invisible,
ejerces la gravedad exacta sobre mi mundo
y lo haces girar para que no se detenga ante nada.
Yo, que nunca dejé de quererte,
a pesar de haberlo intentado mil veces.
Yo... que, sin haberte escuchado, al final,
te he tenido que dar la razón,
aunque me cueste horrores reconocerlo.

Y es que todo se traduce a una frase precisa
que un buen día dejaste grabada en mi alma:
"¡Nunca dejes de crear!"
Y contigo... me siento capaz de todo.

www.ingramcontent.com/pod-product-compliance
Ingram Content Group UK Ltd.
Pitfield, Milton Keynes, MK11 3LW, UK
UKHW021653190726
13853UKWH00001B/240